Chiara Martin

all die Tabs in meinen Gedanken offen

- all die Sachen, die man nicht in Worte fassen kann -

Verlag: BoD • Books on Demand
GmbH, In de Tarpen 42, 22848
Norderstedt
Druck: Libri Plureos GmbH,
Friedensallee 273, 22763 Hamburg
ISBN: 978-3-7597-3467-9

FSC
www.fsc.org

MIX
Papier aus verantwortungsvollen Quellen
Paper from responsible sources
FSC® C105338

Der Teenagerkollaps.
Alles in meiner Notizapp protokolliert,
zwischen Panik, Tränen und Lachen.
Von dreizehn bis siebzehn.

offene Tabs

Leben.

Herzschlag.
Sie lebt.
Herzschlag.
Sie brüllt.
Herzschlag an Herzschlag.
Für immer.

Herzschlag.
Sie läuft.
Herzschlag.
Sie fällt.
Herzschlag.
Überschlag.
Herzschlag an Herzschlag.

Herzschlag.
Sie weint.
Herzschlag.
Sie schreit.
Herzschlag.
Sie bleibt allein.
Herzschlag.

Herzschlag.
In die Fresse.
Herzschlag.
Sie keucht.
Herzschlag.
Sie ist falsch.
Herzschlag.

Herzrasen.
Sie rennt.
Herzrasen.
Sie bricht.
Herzrasen.
Sie bebt.
Herzschlag an Herzschlag.

Herzschlag.
Überschlag.
Sie grinst.
Herzschlag.
Sie spinnt.
Herzschlag.
Sie küsst.
Herzschlag.
Sie stöhnt.
Herzschlag an Herzschlag.
Ganz kurz.

Herzschlag im Beat.
Sie tanzt.
Herzschlag.
Sie singt.
Herzschlag.
Sie springt.
Herzschlag.

Herzschlag.
Sie verliert.
Herzschlag.
Sie findet.
Herzrasen.
Sie fällt.
Herzschlag.
Sie fliegt.
Herzschlag.
Sie schwebt.
Herzschlag.
Herzschlag gegen Herzschlag.
Ein Leben lang.
Herzschlag.
Und dann keiner mehr.

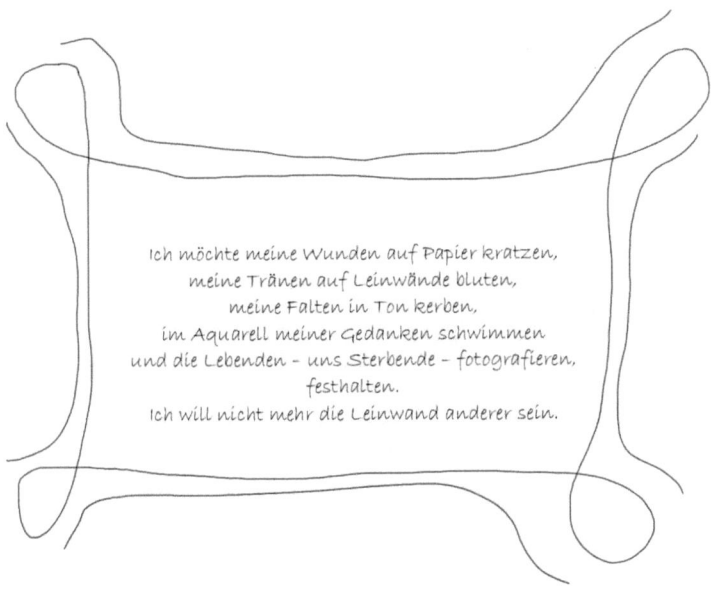

Ich möchte meine Wunden auf Papier kratzen,
meine Tränen auf Leinwände bluten,
meine Falten in Ton kerben,
im Aquarell meiner Gedanken schwimmen
und die Lebenden - uns Sterbende - fotografieren,
festhalten.
Ich will nicht mehr die Leinwand anderer sein.

Kunst

Stift,
Pinsel,
Blei,
Kohle,
Wut,
Liebe,
Angst.
Auf Papier oder auch Leinwand
fliegen Farben
über Narben,
raut das Grau
meine Haut auf,
spachtelt mich frei von meiner Hülle,
malt mich neu mit jedem Mal.

Bunter, grauer,
trauriger, ängstlicher, mutiger, froher.
Jedes Bild eine Phantasie,
ein Albtraum,
eine Utopie.
Doch mein Spiegelbild,
das malt mein Füller,
wenn er seitenlange Texte schreibt,
drüberkleckert, Spuren verwischt, ausläuft,
leer geht, hängen bleibt
an Wörtern, Sätzen, Buchstaben,
stehen bleibt und nach der Bedeutung fragt,
ob das grade richtig so war.
Der Ausdruck,
die Schrift,
die Zeichen,
die Wut,
die Liebe,
die Angst.

Gibt es Liebeslyrik
für Menschen wie mich?
Für uns entscheidet sich
das Schicksal nicht.
Für uns fügt sich nichts
zufällig glücklich.
Gibt es Worte, die beschreiben,
warum ich weine,
warum ich keine
Sekunde alleine,
auch keine
zu zweit bleiben
kann, weil
ich nicht seine
oder ihre sein
will, aber leide
am Alleine?
Gibt es solche von der Art,
die mir sagen,
warum ich mag,
aber nicht liebe,
warum ich mich rat-
und tatlos fühle,
ohne dass mir jemand sagt,
was das sein mag?
Gibt es Prosa,
die von mir erzählt,
von denen, die keinen Karat
am Finger brauchen,
niemanden, der erklärt,
wie groß er liebt,
nur jemanden, der sie wählt.
Nicht auf Dauer, nicht auf Zeit,
nicht für die Unendlichkeit,
nur für diesen Augenblick?
Gibt es das jemals für mich?

Lass mal ein Gedicht über Gedichte schreiben.
Über Verszeilen,
die sich bei mir wirklich nicht so oft reimen
und überhaupt keinen
Sinn oder Form oder Gestalt oder sonst was haben,
aber zum Weinen
bringen, Zeilen,
die ich aus Langeweile
schreibe
oder aus Traurigkeit,
weil ich schon gern mal heule.
Irgendwas hat diese Versform,
irgendeine Ästhetik,
Poetik,
die mir liegt,
die mich liebt.
Und ich sie.

a little life

I was always a little too loud,
a little too quiet,
a little too proud,
a little too shy,
a little too late
and a little behind,
a little too forward,
a little too emotional,
a little too childish,
a little too perfect.
And I always wondered,
if I would ever be considered
a little cute,
a little smart
or a little bit caring.
Wondered if I'd ever be living
a little more than this little life.

WHO

IS

She wears everything she is,
her heart,
out on her sleeve.
She's got a dirty mouth that spits
promises, she can't keep.
But sometimes when she's crying in her sleep,
she comes home curling into me.
'Cause she is still a little girl,
figuring out who she wants to be.
- a mother's perspective

SHE ?

She's one of those girls of honey and glass,
Although she doesn't know it.
Every gaze pauses at her in class,
But still, she doesn't notice.
Or maybe it's just me who's looking at her,
this beautiful lightheaded and hearted,
happy and crazily acting, but still calm and reflecting
kind of girl.
She sits there, bored but with this look of excitement,
elegance
and just a slice of arrogance.
Her smile flawless, rather playful,
as her gaze meets mine, her face all defined,
yet a part of me knows that her life is not as clean,
just as her skin.
Her mind not as light as we all think.
And the game she's playing is covering and hiding
rather than flirting and smiling.

Her hair is honey and so is the rest of her appearance,
but inside the glass is shattered,
dusty and crusty tearing scars onto her skin.

I'm scared,
scared of the things
we share,
scared of my mistakes,
scared of the steps I make,
the drugs I take.
I'm scared of you,
scared of me
when I'm around you.
I split myself into two.
One version for me
and one for people to see.
And then I do the things
I'm scared of
for the attention
or the lack thereof.
I jump that cliff,
I take that pill,
swallow it hard,
because it will
make me more.

Es war einmal ein kleines Mädchen.
Unschuldig schuldig, lieb und jeder Art von Liebe
unwürdig.
Gut erzogen und höflich
schaffte sie es immer, in Fettnäpfchen zu treten,
machte immer etwas,
um sie zu verängstigen,
die Hunde, Krähen, Menschen.
Sie machte nie wirklich etwas falsch,
aber auch nie etwas richtig
und ihre Schlussfolgerung war,
einfach die Liebe aufzugeben,
diese süße Melodie für ihr unwürdiges Ohr
zu streichen aus ihrem Leben,
taub zu werden,
daraus zu lernen.
Und als sie sich so abschirmte
bedingungslos und bestimmt,
wurde sie unabhängig und stark,
blieb verletzlich und schwach,
weil sie wegrannte vor jedem,
der sie anders ansehen
könnte, als es die anderen tun.
Für sie war die Liebe kurzlebig,
etwas, was man für Blumen fühlt,
bevor man sie pflückt,
für Wörter, bevor man auf Löschen drückt,
für Feuer, bevor man es ertränkt.
Liebe war nichts, das blieb
und wenn, dann sicher nicht für sie.
Also rannte sie,
aus Angst vor dem Schmerz,
bevor irgendwer überhaupt anfangen konnte, aufzuhören
sie zu mögen.

Wir sind uns mit nichts sicher, weil „vielleicht"
viel leichter zu sagen ist.

Vielleicht
ist jetzt noch nicht die Zeit,
erwachsen zu werden.
Ich hab' ja noch Zeit,
noch Freiheit,
kann auch sein,
dass ich, bis ich sterbe,
Kind bleib.

Einsam an der Felswand,
ich schaue
alleine den Sonnenuntergang an,
obwohl ich das eigentlich gar nicht kann,
alleine sein.
Aber ich fang' heute wieder damit an,
mit mir selbst an diesem Strand
und meinem Schatten an der Wand.

Geh auf Reisen.
Triff' neue Leute, neue Persönlichkeiten.
Tun bisschen gut,
die vielen Möglichkeiten,
die vielen Vielleichts dieser Welt,
tut bisschen weh,
wenn Stricke nach zu Hause reißen,
aber das muss vielleicht auch sein,
man geht schließlich
jetzt auf eigenen Wegen
der Zukunft entgegen.

Hintern unten
gegen die Schwerkraft,
gegen jegliche Kraft
zieht sich mein Leben den Gitterhügel hinauf,
rast hinunter,
steht kopfüber,
rutscht mein Herz mir in den Bauch
und direkt, wirklich direkt, wieder heraus,
hält sich, ich weiß nicht wie,
an, ich weiß nicht was, fest,
klettert ganz weit in die Höhe,
fällt beim Freefall in die Tiefe,
mir ist - wirklich super unerwartet -
die ganze Zeit (wirklich bisschen) schlecht,
es wird nicht besser, nur noch schlimmer,
wenn das Adrenalin zu Panik wird,
und sich mein Kopf so wie immer,
in dem ganzen Organchaos irgendwo verirrt.
Kriegt mein Leben noch die Kurve?
Komm ich hier mal wieder raus?
Viel zu viele Kurven, warum frag ich,
wir fahren natürlich noch Wilde Maus,
meine Lieblingsbahn,
was ich am liebsten mag,
in meinem kleinen persönlichen Freizeitpark.

Die Kurven, die besonders knappen,
das Sicherheitsgefühl wenn's endlich vorbei ist,
Die Vernunftssynapsen, die kappen
und die Freiheit, die meine Ängste frisst
in meinem kleinen Freizeitpark.

Ich rieche nach Sonnencreme, nach Liebe, ein bisschen nach Aperol und Pfirsich.

Ich rieche nach Schweiß, nach Liebeskummer, ein bisschen nach fettigem Essen und Einsamkeit. Aber vor allem rieche ich nach Leben.

(Lyrisches) Ich.

ICH
BIN.

Aber nicht in der Form,
nicht in der Norm,
wie es das Leben erfordert.

Beziehungsweise
nicht das Leben, sondern dieser prädestinierte Weg,
den man, sobald man sich auf diese Spur begibt,
nicht mehr verlassen kann.

Bei mir ist das die Überholspur.
Schneller, besser, lauter, braver als die anderen sein,
keine Sekunde mit den anderen teilen,
weil man sie, sobald man sie einholt, überholen muss.
Immer zu schnell, zu gut, zu laut, zu brav,
das ist mein Weg,
aber ich stolpere.
Immer langsamer, immer schlechter, immer leiser, immer
frecher
komme ich zum Stehen, Sitzen, Liegen,
bis ich nur noch kriechen kann,
weil alles andere zu anstrengend, zu erniedrigend, zu nah
und zu weit weg ist,
weil ich mich so zum ersten Mal in meinem Leben unter der
Messlatte durchziehe und nicht mehr drüberspringe,
weil die Überholspur wohl doch kein prädestinierter,
sondern einfach der falsche Weg war.
Ich weiß gar nicht mehr, ob ich ihn mir ausgesucht hab'
oder wer anderes.
Jetzt muss ich einen anderen finden,
aber ich kann das.
Ich konnte schon immer gut rennen, einholen, springen.
Hoffentlich ist der Zug noch nicht abgefahren
und ich kann nochmal ganz von vorn beginnen,
denn irgendwie muss ich eine neue Form und Norm, ein
neues Leben für mich finden.

Ich bin auch nur eine von denen,
eine andere aus jeder
Perspektive des Lebens.
Ich bin eine von denen,
die um 6:30 Uhr aufstehen,
manchmal vor und manchmal nachdem
die Sonne aufgeht.
Ich bin eine von denen,
die für einen Sprung in den See
oder ein Eis leben,
eine von denen,
die sich gern an andere Schultern lehnen
und sich nach Spaß und Freunden sehnen.
Eine von denen,
die gerne reden,
über sich und die Welt.
Ich bin eine von denen,
die das nicht mehr sehen
will, was getan wird mit dem ganzen Geld.
Ich bin eine von denen,
die trotzdem schon leichter Wind umweht,
wenn es ihnen nicht so gut geht.
Ich bin eine von denen,
eine andere in jedem
Blickwinkel, in dem ich gesehen
werden kann.

Ich versuche die zu sein, die ich mal war und nicht mehr
bin:
Versuche das Kind in mir zu sein
und gleichzeitig der ewig erwachsene Teil;
naiv, selbstbewusst und trotzig,
altklug, witzig, kreativ.
Das ist das Kind, das ich gerne bin.
Die Erwachsene, die ich gern wäre, hat keine Gestalt,
hat keine besonderen Eigenschaften,
denn eigentlich kenne ich kein Erwachsensein.
Erwachsensein bedeutet lügen und betrügen,
vor allem sich selbst,
vor allem vor dem Fakt, dass nichts auf dieser Welt
verhindern kann, dass sich dein Kopf manchmal
wie der eines Kindes verhält.
Das Kind, das nie das bekommen hat, was es brauchte,
sondern nur das, was es wollte.
Das Kind das nicht nur klein, süß und frech,
sondern ängstlich, vorsichtig und vor allem immer
verständnisvoll, erträglich und verträglich war.
Das Kind, das versuchte, sich nicht unterkriegen zu lassen
von dieser Ausgrenzung, dem Stress, dem Reinpassen
und dieser riesigen, riesigen Masse
an Erwartungen, die auf ihm lagen.
Immer auf der Flucht vor dem Konflikt und immer auf der
Suche nach Gerechtigkeit.
Ein Kind,
von dem alle meinten,
das Erwachsene stecke bereits vollends in ihm drin.
Doch es war wirklich nur ein Kind.
Klein, verletzlich und auf der Suche nach der ihm
gebührenden Aufmerksamkeit.
Sein Leben bestünde mehr aus Neugierde als aus der
Angst vor der Zeit und dem Sterben,
wenn es da nicht wäre,
das Erwachsen und Vergessen werden.

Ich weiß, es ist nicht wichtig,
sich zu labeln,
ich weiß, dass die Schubladen
zu eng für mich sind.
Aber ich will wissen,
wer ich bin,
ob ich Mädchen oder Jungs küssen will,
ob ich ein Faible
für ein bestimmtes Geschlecht hab.
Ich würde so gerne in eine der Schubladen passen,
die sich für mich irgendwie verschlossen.
Wer weiß,
vielleicht bin ich auch einfach genug
und das reicht?

Ich bin auch einfach nicht mehr 13,
das vereinfacht die Dinge.
Man sieht es daran,
dass Bauchweh
und meine Augenringe
und diese elendige Stimme
ein bisschen weniger doll,
ein bisschen öfter stumm sind,
dass „das ist mein bester Freund",
ein bisschen weniger komisch klingt,
dass ich mehr bin als nur meine Momentaufnahmen.
Instafotos,
Schulnoten,
Sprachmemos.

Ich habe zu viel übersprungen,
bin ein Flickenteppich aus Gedächtnislücken,
ich bin ein bisschen jeder, der mal in meinem Leben war,
habe ihre Augen, trage seinen Schmerz,
den Pulli und das Shirt meines Vaters,
habe deren Lache und höre deine Playlist,
weil das inzwischen meine liebste ist.

Du.

Manchmal, da trifft man Leute,
die einem wirklich was bedeuten.
Manchmal, da sind es Freunde
und eben manchmal auch solche
wie du.

Wir haben Angst vor der Liebe,
deswegen bleiben wir nur Freunde,
Verliebtsein ist auch nur ein Gefühl,
es geht vorbei.
Wir haben Angst vor dem, was echt ist,
deswegen bleiben wir beim Träumen,
weil wir verstehen, was es bedeuten
würde,
(gemeinsam) verletzlich zu sein.
Gemeinsam zu sein.
Das so schwierig zu sein scheint.
Wir haben Angst vor unseren eigenen Versprechen.
Wissen wir schon, dass wir sie brechen?

The way I want to fall in love is offensive,
rude and loud.
It's silence and kisses, it's **actual tension**.
It's teasing, laughing, tearing up.
It's **friendship**.
It's loving and cuddling.
It's **honesty** and discussions.
It's **acting** not just promising.
Not sweet not small but **dirty talk**.
It's fun it's light, it's soft.
It's talking, it's deep, it's holding each other tight.
It's feeling **emotions** I can't handle.
It's my heart taking leaps.
It's getting dizzy of love and **laughter**.

The way I want to fall in love
is by emotions not by force
And it is so much more.

Du bist irgendwie sonderbar wandelbar,
siehst in jedem Licht
unterschiedlich aus,
weist neue Züge auf.

Discolicht.
Du tanzt,
etwas Dämlicheres als den Einkaufswagen hab' ich noch
nie gesehen,
etwas Cooleres auch nicht.
Bühnenlicht.
Du sprichst
und etwas Schöneres hab' ich noch nie gehört
als deine Stimme, wenn sie bricht.
Displaylicht.
Du nimmst dir Zeit
und ich hab' mich noch nie so gesehen gefühlt,
ohne dass du mich wirklich siehst.
Sonnenlicht.
Du schaust
und deine Augen glitzern in hundert Farben,
ich war noch nie jemandem so nah,
kann dir die Zahl deiner Muttermale sagen
und ich war noch nie so glücklich und traurig zugleich.
Feuerschein.
Du denkst
und siehst dabei so erwachsen aus,
so weit entfernt.
Zimmerlicht.
du springst
und ich springe mit
und wir springen,
sprengen mein Denken,
weil springen wirklich verdammt glücklich macht.

Du bist sonderbar wandelbar,
unglaublich einprägsam,
nie derselbe Mensch,
ich lern dich alle fünf Minuten neu kennen.

Wir *wippen* im Takt,
weil das gerade so passt.
und ich spür deine Hand,
spür, wie du tanzt.

Mach die Augen zu,
mir geht es gut
für den Moment.

Sonnenuntergang
auf unseren Händen,
Lichter strahlen uns an,
tausende Menschen
deine, meine Hand,
lächeln uns an,
lassen Lichtblicke tanzen.

Ich fühl' mich sicher
in deinen Augen,
in deiner Stimme.
Ich fühl' mich geborgen,
wenn du lachst.
Ich fühl' mich wohl
mit den Schmetterlingen
in meinem Bauch.

Ich schick' Gedichte zu dir hin
und vielleicht schickst du irgendwann
ja auch mal eins zu mir her

?

Ich muss gerade viel denken
an ganz besondere Menschen.

Mom, I fell in love.
Well, I rather tripped in it.
Mom, I think you have to pick me up.
Mom, it's from the hospital.
Because Mom: I fell.
Pretty hard.
In love and right through,
on the ground and into darkness.
I fell into their arms, as I sank into their eyes.
I drowned on my way to the ground.
And when I thought I was flying, I was falling instead.
Pretty hard.
I don´t know why I didn't see the ground.
But maybe that's because it's called falling in love.
Because falling always hurts.
But where is the fun in life,
if you don't trip sometimes?

I never thought about kissing someone,
never thought of a particular one.
When I am with you,
I don't think it either,
I feel it.
And the crazy thing is:
It is not scary at all.

Even the ravens were kissing in the cornfield that day.

Ich liebe.
Es war da in meinem Kopf,
ich weiß nicht ganz für wen,
also sagte ich's zum Leben,
zu allem und nichts,
zu niemandem und jedem,
zu dem, was wichtig ist für mich.
Zu ihr,
zu ihr hab ich's gefühlt, hab ich's gelächelt, hab ich's
gelacht.

Ich glaube zwar dem Gefühl in deinem Blick,
aber vertraue ich meinem Glück?

Vertrau mir, vielleicht tu ich das dann auch mal.

Bitte sei lieb zu mir,
ich brauch' Zeit.

Three little words
are all it takes to make me smile,
to make me forget for a little while,
how unlovable I am.

Ich brauch' doch gar nichts.
Ich brauch' nur mich und dann niemanden mehr.
Ich brauch' niemanden mehr als dich.

Es wär' gar nicht so schwer,
jetzt zu weinen,
bin so nah am Wasser gebaut,
will's doch vermeiden,
hast mich sowieso schon zu weit durchschaut.
Ich will, dass du mich kennst, mir traust,
aber nicht zu viel von mir zeigen.
Will ich meine Mauern einreißen,
jetzt weinen?

Bin so nah am Wasser gebaut,
wär gar nicht so schwer,
so als Festung am Meer.

Warm and comforting,
melting down the ice.
But it's not the hug she gave me,
it's the teardrops in my eyes.

Sag, bist du zurückgekommen, weil du dich verändert hast
oder, weil du dachtest, ich hätte es?

Ich tanzte ohne Musik,
atmete ohne Sauerstoff,
lebte ohne Herz
und gewann ohne Wettkampf,
nur weil ich bei dir war.

Und du frorst ohne Kälte,
weintest ohne Tränen,
schriest ohne Ton
und brachst, ohne je ganz gewesen zu sein,
nur weil ich bei dir war.
Und ich dachte, ich bräche dich,
ich bräuchte dich,
du brächtest mich zum Tanzen.
Du branntest dich ein,
nur weil du bei mir warst .

Aber eigentlich
brach ich mich und du brachst dich,
ich brauchte mich und du dich
und niemand tanzte mehr.

Da ist eine Blutlache auf dem Boden,
Sprenkel an der Wand,
in deinem Bett aus Rosen
sitzt mein Verstand,
schaut dich unverwandt
aus großen Augen an
und fragt:
Passen wir zusammen?

Ich hab' den Augenblick getötet,
das Gefühl.
Kann nicht mehr fühlen
in diesem weißen Raum
mit den Sprenkeln an der Wand.

Warte auf das Ende,
es kommt irgendwie nicht,
weil entweder du oder ich
oder beide, dieses wir,
es doch nicht hinkriegt,
sich ganz zu trennen.
Und so schaffen wir beide,
ich und du, im Kreis zu rennen,
küssen, kurz mal ein Wir sein,
flüstern, Geheimnisse teilen,
nüchtern defensiv streiten,
knistern, Funken sprühend schreien,
weil wir, du und/oder ich uns, mich und dich, nicht
zusammenhalten
können,
aber auch nicht voneinander trennen wollen,
deswegen kommt das Ende nicht,
nicht wirklich,
nie richtig,
die Trennung von dem Wir ins

Du   und   Ich.

Ich hör' noch die Schreie im zerbrochenen Glas.
Komm lass es fallen, sag, was hast du getan?
Spür', wie ich weine, fall dir doch noch in den Arm.
Musst mich nur halten, gehst mir doch noch so nah,
und die Scherben auf Boden sind mir dann auch egal.
Bei dir
bin ich nicht mehr sicher,
verlier'
meinen Verstand und mein Gesicht,
mein Spiegelbild lügt mich an
seit ich dich hab',
fühlt sich nicht mehr wirklich an,
mich gibt's doch nicht mal mehr.
Ich bestehe nur noch aus Schmerz
und meinem gebrochenen Herz.

Ich seh' noch die Krusten deiner Farbe,
du malst
in Rot meine Wangen,
sag, was hab' ich getan?
Ich rieche meine Angst und du schreist meinen Namen,
es schmeckt noch nach Eisen
und verdorbenem Magen.
Nervengift-Hormone in meiner Blutbahn.
Bei dir.

Und ich seh' noch den Schleier
deiner Kippe danach,
die Schmerzen sind leiser,
komm' mit dir durch die Nacht.
Es bringt mich nicht weiter,
immerhin bringt's mich nicht um.
Deine Stiche sind feiner,
trotzdem ungesund.

Mondlicht bricht. Äste knacken. Herzen auch.

„Ich seh' nichts mehr", schreibe ich.
„Ich fühl' nichts mehr", weine ich.
Und zwischendurch schreie ich
all die Sachen, die man nicht in Worte
fassen kann.
„Es tut so weh", wimmere ich.
Es tut so verdammt weh.

Echo
Ein Widerhall,
      Wiederholung deiner Worte,
            immer und immer wieder.

Glas.
Boden.
Scherben.
Glück.
Scherben bringen doch Glück, oder?

Herz.
Scherben.
Komm zurück.
Scherben bringen doch kein Glück.

Er spült uns weg,
der Regen am Tag danach.

Ich mag's wie sich Wellen brechen,
von Felsen zerschlagen werden
und immer wieder das große Ganze finden.
Versprechen sind anders.
Einmal gebrochen, können sie nicht mehr
ihre Bedeutung wiederfinden.

Aber Herzen,
Herzen sind wie Wellen...
Hoffe ich.
Immer wieder donnern sie gegen denselben
Felsen.
Tosender, eindringlicher Schmerz.
Aber im besten Fall finden sie immer
wieder zum großen Ganzen.
Finden wieder zu sich selbst.

Brauch' dich,
lieb' dich,
brech' dich,
liebst mich.
Dich,
mich,
uns.
Gebraucht,
geliebt,
gebrochen.

Fixing

Please just let me run away,
to a place I have never been,
let me be the person I never thought I
could be.
Please just let me escape,
save some lives,
save my own.
I don't even need a cape,
to be my own superhero.
And then let me come back,
let me return to your life,
let me do something different than lying,
let me tell you the truth
about everything you want to know,
let me rebuild the trust you used to own.
Let me fix myself,
And I can fix it all.

I know, this is not how it works,
I know, I'm such a cliché type of girl,
to believe in romance, to believe in
fixing,
when all I do is lying and leaving.

hot blood
or cool, I don't know what,
something is streaming
through my veins,
turning off my brains,
revealing,
everything I normally don't do,
everything I'd usually not say,
everything I normally wouldn't spit
right into your face
right into your guts I hate,
as the waves of anger hit.

„Mir geht es gut", sage ich.
Mir geht es gut, glaube ich.
Mir geht es gut, wie denn sonst.

Alte Chats, alte Gedanken, altes Ich.
All die Nächte, Tränen,
Stimmungsschwankungen,
nein, schön war die Zeit wirklich nicht.
Aber in meinem Kopf war es romantisch,
in meinem Kopf macht es Sinn,
dass ich dorthin
will, wo ich war,
und nicht, wo ich gerade bin.
Obwohl ich längst nicht mehr so denke,
fühle, träume,
obwohl ich längst darüber lache,
obwohl wir längst andere Menschen sind.

Lonely, lonely valentine
Lonely, lonely self
Noone no one can't be mine.
Says the puppet on the shelf
Lonely, lonely valentine
Now it's playing in my head.
Lonely, lonely here am I
Lonely, lonely self
sitting here watching people
fall in love, go through hell.
Lonely, lonely valentine
buy me flowers, offer chocolate,
tell me lies, make me tell
all the fairy tales in my head.

Ich fahre deine Spuren nach.
Berühre die Stellen, wo du dasselbe tatst,
taste mich durch die Furchen meiner Hand,
spüre die deine noch in meiner,
streiche über die Haut der Vergangenheit.

Hab' mir ein Notizbuch gekauft,
schon ein paar Seiten zerknautscht,
weil die Stadt Stift und Papier braucht
und ich meine Handschrift,
um so die Stadt und meine Gedanken
einzufangen.
Hör' dein "Du riechst gut" noch laut,
bist mein Ohrwurm und meine
Schmetterlinge im Bauch.

Vielleicht ist das auch okay für eine
Zeit,
dass ich an dich denke,
und du vielleicht auch an mich
und dass wir an niemand anderes denken
wollen.
Vielleicht halten wir uns auch nicht
zurück,
sondern nur noch ein bisschen aneinander
fest,
an dem Moment.
Vielleicht braucht man auch genau das,
um damit abzuschließen.

Cro würde sagen, es ist ein Tanz auf
Distanz,
denn ich habe Angst vor der Angst,
die kommt, wenn du gehst.
Er hatte die Sonne, seine Sonne, sein
Licht.
Ich habe dich.
Provinz würde dich bitten, bitte tanz für
mich.
Wir können im Regen stehen,
uns im Kreis drehen,
bis uns die Luft ausgeht.
Ich hätte dich zu gerne tanzen sehen.

AnnenMayKantereit sagt: "Es ist Abend und
wir sitzen bei mir."
Aber bei mir gibt es kein Wir,
ich bin alleine hier
und lass den Regen an die Scheibe
prasseln,
Blätter im Winde rascheln.
Ich krieg's gar nicht mit
so isoliert,
trink noch einen Sip
und dann noch vier,
ich hab' so viel noch nicht probiert.
Mit wem denn,
wenn nicht mit dir?

Ich merke es schon an der Art,
wie deine Stimme zittert,
dass gestern kein guter Tag war.
An der Weise, wie du mich ansiehst,
wie deine Hände verkrampfen,
deine Augen glitzern
rötlich, ich seh' das Blut von gestern,
die Wut, die Tränen verwässert,
den Schmerz, den du lieber vergessen
willst.
Es tut mir leid,
dass ich nicht weiß,
was ich sagen soll.
Dabei will ich dich einfach
in den Arm nehmen,
für dich da sein,
während du erzählst.
Ich weiß du brauchst jemanden
und ich wünschte manchmal, wir wären die
Art von Freunden,
die sich umarmen,
weil ich weiß, dass das, was ich sag,
nichts wettmachen kann.
Und ich will dir doch nur zeigen:
Ich bin für dich da.

Es ist still um mich herum. Doch in mir
drin so gar nicht stumm.

Fingerkuppen auf meiner Haut,
aber nicht deine, sondern meine.
Magen schon wieder flau,
Stechen in der Brust,
kleine, feine Nadeln,
die auf meine Lunge niederhageln.
DRÖHNEN im Gehirn,
leichter Gehörverlust,
Tinnitus,
krieg keine Luft.
Nur die Fingerkuppen halten mich zusammen,
kneifen,
möchten mir beweisen,
dass ich jetzt bin,
dass ich echt bin,
Fingerkuppen auf meiner Haut
und ich hab trotzdem Knoten im Bauch.

Ich kann nicht mehr und
es gibt nicht mal einen Grund,
meine Fingerkuppen können nicht mehr,
bringen nichts,
halten mich nicht mehr,
deswegen halte ich mich
hier in Worten fest.

Ängste

Ich liege hier schlaflos,
erträume mir Szenarios,
was morgen passieren könnte.
Eigentlich ist es ja schon längst heute,
es hat schon längst zur Mitternacht geläutet
und es sind mir schon wieder zu viele Leute,
die ich später sehen, mit denen ich reden muss,
denn in der Menge ist man leichte Beute,
aber eigentlich ist die größte Bedrohung
die Panik in meinem Brustkorb,
mein viel zu hoher Puls.
Eigentlich bin die Bedrohung ich selbst.

Jetzt bin ich hier,
werde verrückt nachts um vier,
weine mich in den Schlaf,
wegen Dingen, die nie passiert
sind und habe die Angst
meines Lebens vor Dingen,
die niemals sein werden.

You know, when everything comes to an end,
to this full stop?
And you try to breathe and convince yourself that
everything will be somewhat okay
and then this thought pops up unannounced and tells you
"Hey, you haven't lived yet!"
And you are in so much pain
and the panic simply comes setting in,
because you might die and everyone else will and you
haven't had a life yet
and you will never get it back.

Wir sind alle traurig auf die ein oder andere Weise,
worüber weiß ich nicht genau.
Traurigsein ist nichts, was man zulässt.
Wir sind alle ängstlich auf eine Weise.
Angst lässt sich viel schwerer verdrängen.

Und jetzt sitzen wir alle auf unserem Zimmerboden
und sehen unseren Hirnboten
dabei zu, wie sie durchbrennen,
durcheinanderrennen,
unsere Wange hinunter
und unseren Magen wieder rauf.
Wir sitzen weinend vor dem Kotzeimer, in dem alles, was
wir die letzten Jahre so geschluckt haben,
wieder zusammenkommt,
weil wir brechen unter der Last,
die wir verdrängten,
weil wir ihr Stechen in dem Moment
lieber ertränkten,
weil es einfacher war, die Augen zu verschließen
und den Raum abzuschließen,
in den die Gedanken jetzt fließen.

Und jetzt sitzen wir hier auf dem Zimmerboden
in unseren eigenen Extremen,
die wir im Normalsein zu verstehen
verlernt haben.
Und drehen durch.
Alle gemeinsam.
Alle alle(in).

Ich hasse die Sätze, die ich schreibe, ich mache mir selbst
was vor. Ich hasse die Sätze, die sie sagen. Ich hasse sie.
Aber ich brauche sie. Denn mich kann ich nicht gebrauchen,
mich hasse ich ja auch.

Ich *renne* und *renne*
bis ich Seitenstechen krieg'.
Immerhin ist das ein Schmerz, den ich versteh'.

Bleib stehen, sage ich.
Doch die Wolken ziehen weiter,
die Erde dreht sich schneller,
die Zeiger drehen sich weiter,
die Wand kommt immer näher,
nur die Sanduhr bleibt stehen.
Time's up.

All I wanted was to live and die at the same time.

Ich halte ein Kaffeekränzchen mit meiner Angst,
auch wenn der Kaffee eigentlich kontraproduktiv ist,
ich sitze mit meiner Angst am Tisch
und ich weiß nicht, was ich sagen soll,
weil sie mich sprachlos macht,
wie sie dasitzt und mich anlacht.
Als wäre gar nichts passiert,
fragt sie mich ganz ungeniert:
"Wie geht's dir eigentlich?"

Ich atme zweimal durch.
Keine
Angst.
"Ich weiß es nicht", will ich sagen, "Du erlaubst es mir
nicht, das zu fühlen.
Ist zu viel, mich zu fühlen.
Du hast den Zugang gekappt,
also erzähl du mir doch wie's mir geht"

Ich hab' Angst.
Ich hab' sie, die Angst, und sie hat mich
ganz fest im Griff.
Ich merke gar nicht, wie erdrückend das eigentlich ist,
da knallt mein Kopf auf den Tisch.
Ich kneif' die Augen zu,
hab' mich nicht im Griff.
Aber die Angst, sie hat mich, sie passt auf mich auf,
auch wenn ich das eigentlich gar nicht brauch'.
Ich hab' Angst vor meiner Angst,
aber sie ist das Einzige, das bleibt,
Ich werde niemals alleine sein.
Sie ist immer da
und hat mich fest im Griff.
Eines ist gewiss:
Ich werde nie wissen,
wie das Leben ohne sie ist.

Ich bin scheißmutig.
Dass ich hier stehe,
jeden Tag aufstehe.
Ich bin scheißmutig.
Dass ich auf Menschen zugehe,
mit ihnen rede.
Ich bin scheißmutig,.
Weil ich jeden Tag mit meiner Angst lebe,
mich aber traue, ihr zu widersprechen,
indem ich den Schritt tu,
indem ich springe
und sie schaut mir zu,
wie ich mit mir ringe,
bevor ich nach vorne tapse,
einen Zeh über der Kante,
die Augen zu und
eigentlich nur so halb bereit zum Sprung.
Aber trotzdem tu ich's und
springe.

Es ist still
um mich herum,
seltsam leise,
doch in mir drin,
so gar nicht stumm,
auf meine Weise,
wie ich halt bin,
gedankenreise,
wenn niemand anderes da ist.
Es ist still
um mich herum,
seltsam leise,
doch in mir drin
so gar nicht stumm,
denn ich bin alleine
und alles wird leise
und ich werde laut
und meine Stimmen,
die durcheinanderirren,
und mein Puls, der durchbrennt,
und mein doch sonst so glasklarer Verstand sich klirrend
im Nichts versenkt.
Und ich bin nur noch mein Puls,
der rennt und rennt.

Es ist still
um mich herum,
seltsam leise,
doch in mir drin
so gar nicht stumm.

Regentropfen

Ich lieg' auf meinem Zimmerboden, die Augen geschlossen,
all die Tabs in meinen Gedanken offen.
Ein paar über dich, ein paar über mich,
auch das eine oder andere Gedicht.
Doch es ist viel zu viel,
mein Kopf packt das nicht.
Der Server überhitzt, alles blinkt.
Und dann kommt die Fehlermeldung
und legt den fucking Schalter um.
Der Bildschirm wird schwarz, leer.
Und wie kleine Regentropfen rinnen meine Tränen,
setzen sich den Gefühlen nicht mehr zur Wehr.

Alles was übrig ist, ist dieses riesige Nichts.

Ich setze mich wieder
auf den Boden des
Badezimmers,
will es zumindest, aber
es ist keine gute Idee
.

Ich breche psychisch,
breche physisch,
erbreche.
Nein, tu ich nicht,
ich will, aber es kommt
nichts
mir ist so schlecht und
es tut so weh,
aber es kommt nichts
hoch.
Außer Tränen,
die kommen immer.

Was mir weh tut, weiß
ich nicht,
warum breche ich?

Es ist doch gar nicht so
schlimm wie sonst.
Warum muss ich mich
ertragen?
Warum bin ich so in
Rage,
wenn ich mich sehe,
wenn ich rede?

Ich kann's dir nicht
beantworten,
es ist doch gar nicht so
schlimm wie sonst.

So müde
So traurig
So einsam
So leer

Was bringt es mir,
Fahrrad fahren zu können,
Sprachen sprechen zu können,
Bücher lesen zu können,
wenn alles, was ich im Moment kann, nicht mehr zu
können ist?

Und dann umarmte ich mich selbst, weil es niemand
anderes tat.
Weil ich mal wieder alleine in meinem Zimmer saß.
Weil niemand meine Nachrichten las
und ich wieder das Gefühl hatte,
dass sie mich verabscheuten.
Und darum umschlang ich mich selbst,
der Versuch einer Umarmung,
bettete meine Tränen in meinem Pullover ein,
versuchte, durchzuatmen und weiterzumachen.
Versuchte, mein eigener Freund zu sein.

Aber anstatt zu fühlen,
wisch ich mir die Tränen weg
und rede mir einfach ein, alles wär' perfekt.

Wie geht's?
Es geht nicht, es steht.
Still, unbewegt.
Und dann fängt es an, sich zu drehen,
Kreise zu ziehen.
Und der Schwindel setzt ein.
Und die Euphorie kommt zurück.
Und dann wird es wieder langsamer,
kommt zum Stehen, Stück für Stück.
Ausgelebt.
Und alles bleibt wieder unbewegt.

Leere
Keine Gefühle, Emotionen,
starrer Blick ohne Fokus,
den Tränen nahe, unbemerkt.
Nichts als Leere, ungezähmt,
verheerende Wüste breitet sich aus,
endloses Nichts frisst mich auf.

Ich bin leer,
so leer,
kenn den Schmerz gar nicht mehr.
Kannst das Rauschen in mir hören
wie in den Muscheln am Meer.
In denen wohnt auch keiner mehr.

Ich versuche, Tränen wegzuwischen, die gar nicht da sind.

Ich bin irgendwie leer, aber viel zu überfüllt.
Muss ausmisten, aber wie, wenn es nichts Greifbares zum
Rausschmeißen gibt?

Irgendwie vergeht die Zeit ohne mich.

Ich bin mir selbst ein F r e m d b e g r i f f.

Alleine, mit Menschen um mich rum.
Verloren, in dem Sumpf ertrunken.
Um Aufmerksamkeit gekämpft, deswegen versunken.
Ignoriert, und irgendwann verschwunden.
Alleine, in Gesellschaft.

Müdigkeit

Ich bin zu viel und doch zu wenig,
zu anstrengend, zu schnell erledigt,
zu wenig Adrenalin, Energie,
mein Lächeln, nein, das hält nicht ewig,
verlässt mich und trotzdem red' ich,
als wenn nichts wäre,
bis irgendwann die Worte sterben.
Und dann ziehe ich mich zurück,
lass die anderen übernehmen,
und sie reden und reden,
aber ich komme nicht mit.
Immer langsamer zieht es an mir vorbei,
das Gespräch verschluckt von Müdigkeit.
Sozial erschöpft liege ich daneben.
Und dann, wenn es passt,
vielleicht ein wenig zu spät,
spüre ich, wie meine Mundwinkel sich heben.
Ein Mechanismus, kein Gefühl,
denn ich bin hier woanders, als wohin ich will.
Ich chille in meiner Komfortzone,
doch von Komfort ist wenig zu spüren.

Ich lach immer ein wenig später als die anderen,
immer ein wenig schwächer.
Und ich verstehe den Witz,
finde ihn unterhaltsam,
und stelle dennoch fest, dass das Lächeln fast nie meine
Augen erreicht.

Ich bin müde,
müde vom Bemühen,
müde vom Aufwachen
und das Gefühl haben,
alles falsch zu machen.
Müde vom Versuchen
und vom Immer-traurig-sein.
Ich bin müde vom Anpassen,
müde vom Konjunktiv,
müde vom Narrativ
meines Lebens,
das mir erzählt,
dass es schon irgendwie geht.
Ich bin müde vom Glücklichsein,
müde vom In-Löcher-fallen,
müde von mir selbst,
wär' mir überhaupt klar,
wer das ist.

Mit der Identitätskrise kommt die Schreibblockade.
Denn wie soll ich jemand sein, der schreibt, wenn ich
niemand bin, der ist.
Wenn ich im Vorhaben versage, Ich zu sein,
wie soll ich, als Dasein ohne Sein, Gedanken, die weder
meine sein können, da ich in diesen nicht bin, noch die von
jemand anderem, niederschreiben können?
Ich, die ich sein will, aber nicht weiß, welches Ich sie sich
aussuchen soll.
Ich, die verlernt hat, einfach auf alles zu scheißen und sie
selbst zu sein. Das ist nicht das Ich, das ich sein will. Aber
irgendwie das Ich, das ich gerade bin.

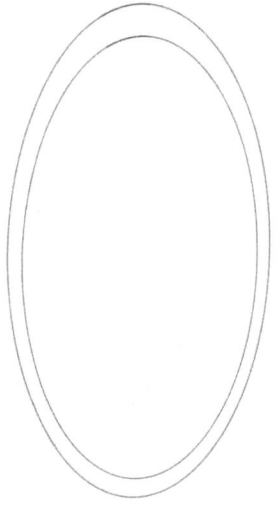

Ich seh' den Schatten meiner selbst
an der Wand.
ist mir auch schon wohl bekannt.
Gesichtsloses Etwas,
ausdruckslos,
könnte irgendwas,
irgendwer sein.
Ich bin der Schatten an der Wand,
seh' mich jeden Tag,
schau mich im Handy, Fenster, Spiegel an,
seh' mich, find mich nicht.
Keine Ahnung, wen ich suche,
in diesen Bildern.
Keine Ahnung,
ob da für wen anders wer erkennbar ist
oder ob ich tatsächlich für niemanden mehr bin,
als diese Hülle, die Kontur,
dieser Schatten meiner Selbst.

Ich bewundere die Art, wie du dich bewegst,
mich bewegst.
Wie du dich anpirschst in deiner rasanten Trägheit,
der Leere wegen die Luft mit Schreien füllst.
Mein taubstummer Gehorsam gilt deinem Flüstern,
während du mich brichst in tausend Stück'.
Du Stille, bleibst in meinem Atem.

Ein Bunker deinesgleichen,
den füllt die Einsamkeit.
Sie will mir auch nicht weichen,
still, stetiges Geleit.

Ich brauch' einen neuen Lockdown,
um mich zu rechtfertigen,
dass ich zwei Menschen
innerhalb von drei Wochen sehe,
viermal die Woche um den Mangel an Sozialkontakten
trauere,
fünfmal die Woche mit Netflix,
sechsmal ohne tagsüber mit jemandem gesprochen zu
haben, einschlafe.
Und siebenmal die Woche wünsche ich mir, dass es allen
anderen wie mir geht.

Ich weine,
aber die Tränen berühren kein Gesicht.
Es gibt nichts, was momentan richtig ist.
Alles, was ich kenne,
selbst alles, was ich habe,
alles, wofür ich brenne.
Alles, was übrig ist,
sind endlos viele Fragen,
ist dieses riesige Nichts.

Ich bin heut' glücklich

Wintergedanken

tauen.

tropfen.

Und der Frühling weint

vor Erleichterung.

- März

Vielleicht ist mein Lächeln ja doch echt.

Vielleicht sind es meine Freunde auch.

Vielleicht. Wenn ich mich manchmal nicht

mehr mit der Realität beschäftige.

So real wie das Meer und gleichzeitig so surreal wie

sein Blau.

Vielleicht.

Ich trenne heut' meine Gedankenfäden auf.

weil ich die gerade wirklich nicht brauch'.

dreh' die Musik doppelt so laut.

hör' auf meinen Bauch.

nehm' die Beine in die Hand und **lauf**:

Dunkel war's,
der Mond schien helle,
schneebedeckt mein
kaltes Herz.
Arm in Arm,
rennen schneller,
wir zu zweit,
die Straßen leer.

Und wir stehen
im Rampenlicht
dieser Stadt,
dein Blick
geht mir nah,
mir wird warm
so wie es früher mal war.

Denn mit dir geht der Sommer los,
die Welt ist klein und **wir sind groß**
und wir lassen los,
rennen los,
tanzen wo's
nur geht.
Große Emotionen
muss keiner verstehen.
Also lass uns mal ein bisschen **leben**.

Wir malen uns den Sonnenuntergang
mit Worten an die graue Wolkenwand.

Wolken.

Niemanden lasse ich so gerne gehen wie sie.
Es gibt nichts Schöneres als ihren Weg.
nichts.
Den Wattebällchen Namen zu geben.
Formen zu denken.
Geschichten zu erzählen
oder einfach unter ihnen im Regen
zu stehen.

Das erste Lachen. Blickkontakt.

kichernd und den Tränen nah.

Gebrochen das Eis.

du lächelst zurück.

Es wird auch Zeit. dass der Sommer beginnt.

Es wird Zeit für neue Freundschaften.

neue Lieblingsmenschen.

Es wird Zeit für neues Vertrauen.

Der Mond ist so schön.

Die Sterne so viele.

Und ich liebe

gerade. dass man davon

kein Foto machen kann.

Unser Gelächter

wird frecher.

werden echter.

auf Dächern

unter Freud'schen Versprechern

zu Herzensbrechern.

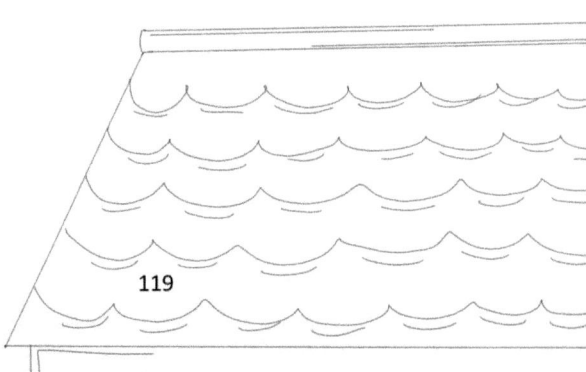

Ich will Menschen sagen, dass ich sie liebe und es meinen,

ich will dumme Ideen haben und einfach machen,

ich will eine Freundesgruppe, mit denen ich Berge bewege,

nur um zu sehen, ob wir es können,

weil uns immer gesagt wurde es geht nicht,

aber wir haben's uns nie bewiesen.

Ich will so hoch springen wie ich kann,

mit den Vögeln singen, ganz egal wann.

Ich will groß träumen, länger als ein oder zwei Wochen

und dann alles wahr werden lassen.

Ich will wegfliegen in meinem Glück

und dann ertrinken in Kunst und Lyrik.

Ich will jemanden anschreien,

wenn ich so richtig sauer bin

und dann mit Freunden in den Urlaub reisen.

Ich will mit jemanden an einem Lagerfeuer kuscheln.

Gitarre spielen, denn auch das will ich lernen.

Ich will mit dir in den Ozean springen,

will im Sand liegen und die Sonne runterbrennen lassen,

will Eis am Stiel kaufen,

den Sonnenuntergang schauen

und in meinem Auto pennen.

Ich will rumfahren, rumsitzen und einen Song nach dem

anderen schreien.

Ich will meine Gefühle ausdrücken, rausweinen,
will Dinge sagen, an die sich Menschen erinnern,
Ich will mein Leben genießen,
meine Haare färben und schneiden,
will alles verändern und dann wieder zurückgehen,
dumme Entscheidungen treffen,
Songs und Bücher schreiben,
für Gerechtigkeit kämpfen und fürs Klima,
jemanden küssen und darüber lachen,
Ich will mit jemandem zusammen sein,
der mich zum Lachen und zum Weinen
gleichzeitig bringt,
will mich geliebt fühlen von mir und anderen,
Will irgendwann Tante sein,
Aber gerade jetzt, will ich nicht erwachsen werden,
Es sind noch so viele Tage übrig,
Ich will in einen Wald rennen,
Natur atmen und wir reden,
Der Mond, die Sterne, meine Freunde und ich,
Und vielleicht steht meine Geschichte
später in einem Buch,
wo sie erzählen, wie man nicht nur existiert,
sondern lebt,

Leben ist, was Verrücktes zu machen, kleine Dinge genießen.

tanzen.

die ganze Nacht durchquatschen. Sonnenuntergänge auf

Containern schauen auch wenn's arschkalt ist.

Eis bestellen und dann tauschen.

weil deins mir besser schmeckt.

Statt Schule zu machen.

auf den Spielplatz und schaukeln.

auch wenn ich eigentlich vielleicht zu alt bin.

Lerne sowieso viel mehr unterwegs

als in den Büchern dieses Schulsystems.

Leben ist, auf seine Funktion zu scheißen.

Ich träume von einer Welt.

Ich sitze auf meinem Fensterbrett und träume.
Ich träume von einer Welt aus Wald,
aus Luft und Liebe,
aus Frieden statt Krieg,
aus Sauerstoff statt Kohlendioxid.
Einer Welt aus Mond und Mondfinsternis,
aus Nachbarplaneten, Planetensystemen,
Universen, Multiversen,
einer Welt aus dir und mir.
Aus Nächten und Sonnenstunden,
von Sonnenuntergang bis Sonnenaufgang
und keinen Grautöne mehr.
Aus Nachtigall wird Lärche,
ein einziges Vogelzwitschern.
Ich träume von einer Welt aus reinem
Wasser, reinem Gewissen, reiner Freude,
purer Empathie, ausreichend zu Essen und
ausreichend Menschen, um es zu teilen,
aber doch nicht zu vielen.
Einer Welt aus Licht und Lust,
einer Welt ohne Geld, einer Welt ohne
Frust,
einer Welt aus Realitätssinn, und
Realitätsverlust, aus übertriebenem
Optimismus.
Ich träume von einer Welt aus Farben.
Alle schön, alle gleich, alle anders,
facettenreich.
Eine Welt aus dieser Schönheit.
Doch dann mache ich die Augen auf und
sehe, wie die Welt raucht, weint und
schreit.
Und wir alle sind im Halbschlaf,
lassen uns nicht aufschütteln,
wir sehen nicht hin, sondern träumen,
hören niemandem zu, außer dieser
beruhigenden Stimme in unserem Kopf, die
uns die Nachrichten austrichtert,
die Dunkelheit belichtet und uns befreit
von dem Leid, gegen welches wir so
machtlos sind.
Irgendein Wunder passiert schon.
Aber wir müssen uns nicht drum kümmern.

Heute stehen selbst die Wolken still,
wenn die ganze Welt stagniert,
pausiert,
irritiert,
paralysiert,
diese Erde, die normalerweise
frisiert,
rasiert,

dressiert,

luminisiert
reflektiert,
um sich selbst rotiert.

Sie ist heute leise,
sie ist heute stumm,
sie gibt den Mäusen
den Blumen, den feuchten
Sommerregenlüften,
den verzückenden
Sommerwalddüften
dem verblüffend
verrückten
Glocken in Kirchtürmen
heute das Mikrofon.
Denn heute steht die Welt still.

It's a man's world:

I could be dying,
but they wouldn't know.
My heart could be failing
and they would just hold
it against me,
say it's my femininity
that makes me that dramatic,
they wouldn't see that it's that drastic.
Because even medicine is
designed for someone else.
This world is not mine, not hers,
it's his.
They just tolerate me, her, all of us.
Not for what we are but as the opposite
sex, the world is built around
our bodies and their destinies,
their urges and needs,
their abilities.
And all we get to do is break free:
From being too emotional
to just experiencing feelings.
From being too bossy
to 'handling them people'.
From being too revealing,
too sexy, an invitation for rape
to being treated equally.
Just because we didn't build it,
this is still our place to live in,
this is still our place to fight,
this is our time, and this is our right!
Because our voice is not too shrill,
not squeaky,
we are not church mouses,
we are not the keepers of houses,
we are our own bosses!
And we deserve our own respect!

126

„Ich weiß ja nicht."
„Das stimmt so nicht."
„Dafür bin ich nicht da."
„Das könnt ihr selber."
Ich glaube ja nicht, dass mir das etwas
bringt,
hier zu hocken
in dem Gestank aus Socken,
aus Schweiß und zu viel Deo,
aus Verzweiflung und Scham,
und hier herum zu hüpfen,
zwischen den Füßen, den Pfützen
aus Tränen, aus ausgeschüttetem
Energydrink, Wasser und Pisse,
ich glaube ja nicht, dass ich das mal
vermisse.
Diese ewiglangen, nie endenden Stunden
Frust,
diese Scheißformel, die du „bis zum Abi
können musst",
die Lehrer, die sich nicht interessieren,
aber dein Desinteresse visieren,
ankreiden, bestrafen,
anschreien, ausfragen.
Nein, das werde ich nicht vermissen.
Aber das ist ja auch nicht alles an der
Schule.

Ich hab' einfach nicht das Gefühl, dass
mich Deutschunterricht der Sprache
näherbringt.
Eher katapultiert er mich weg,
von Wörtern, die einmal meine waren,
von den schönsten Sätzen,
Zeilen,
Geschichten.
Teilt,
abstrahiert,
konstruiert,
Grenzen zwischen Satzteilen,
Sprachmitteln,
Wortreimen,
lässt mich stolpern, wo ich sonst fliege,
distanziert mich von dem,
wo ich ansonsten hinfliehe.
Zerbröckelt meinen Stift, meine
Schreibhand
in Satzteile, Sprachmittel und Wortreime.
Und diese Sprache war einmal meine.

Ich habe heute von Geschichte geträumt.
Von Daten, Fakten, Verträgen und Toten,
Mauerfall, DDR, von der roten,
der sowjetischen der amerikanischen
Armeefraktion,
von der Außerparlamentarischen
Opposition.

Vielleicht hat es ja geholfen, zu
träumen,
vielleicht kann ich jetzt die Daten,
Fakten, Verträge und Zahlen,
vielleicht reicht es doch, so kurzfristig
zu lernen,
um mich heute noch daran zu erinnern und
es morgen schon zu vergessen.
Ironisch, vergessen, das ist doch das,
was Geschichte nicht soll.
Ironisch, vergessen, das ist doch das,
was uns wieder an den Anfang bringt.
Was die Zahlen, Verträge, Fakten und
Daten
ersetzt durch neuen Groll
oder den alten.

Die Vergangenheit hat wieder Tag der offenen Tür.

War.
People: Fleeing.
Families: Crying.
Innocent: Dying.
Fear: Arising.
Everything: Changing.
When love is failing
And insanity replacing
What is known to be peace.

Armies: Moving.
Arms: Destroying.
Soldiers: Defending.
Their country. Their pride.
One person inflicting the suffering.

Human rights: Violated.
People: Defending
what ought to be theirs.
Their dignity. Their lives. Their land.
Because some just can't handle
their own stupid affairs.
Someone invading
another country, once free.
Simply taking their liberty.

Hope: Fleeting.
Smiles: Disappearing.
Empathy: Strengthened.
Love: Longing.
Reaching for the impossible seeming,
of everything being alright again.

Fassungshilflosigkeit

Wie soll man es denn fassen können, als
drei-,sieben- oder vierzehn-jähriges
Kind,
dass neunzehn Fahrtstunden entfernt für
ein anderes der Weg ins Ungewisse
beginnt.
Die Flucht aus der Not, die Flucht vor
dem Tod, die Flucht vor dem Leid,
die Flucht vor dem Kinderkleid,
das vor einem Soldaten am Boden liegt,
mit einem verstorbenen Körper darin,
aus dem Blut aus einer Wunde rinnt.
Wie soll man es denn fassen, was dort
geschieht?
Dass drei Flugstunden von uns entfernt
Menschen sterben?
Wie soll man es fassen, dass sie dort
unter der Erde kauern und wir in unserer
Hilflosigkeit versauern?
Solange bis sich die Erde weiterdreht
oder t auch nur bis zur nächsten Party.
Wie soll man es denn fassen, dass diese
Jahre Frieden jetzt zu Ende sind,
weil die Menschheit, oder eigentlich ein
kleiner Teil, mal wieder spinnt?
Werden wir nie aus der Geschichte lernen?
Werden wir sie immer neu schreiben wollen
und am Ende doch nur das Geschehene
wiederholen?
Werden wir immer Kriege führen?
Werden wir immer idiotisch sein?
Wie soll man es denn fassen als so
kleines Kind?
Wenn auch die Erwachsenen so hilflos
sind?
Wenn all diese Fragen schon so lange in
der Luft schweben,
müssen wohl auch wir Kinder damit leben,
dass sich erst mit der Zukunft
auseinandergesetzt wird,
wenn die Vergangenheit uns einholt.
Wie soll man das fassen?
Ich kann es nicht. Ich kann es nicht
fassen.

Ich renne weg, nach Instagram.

Ich scrolle.
Durch Instagram, Tiktok, sogar durch Whatsapp,
prokrastiniere, lenk mich ab, oder lerne,
weil ich bei Youtube irgendwie mehr check'
als im Unterricht.
Die Bewegung eingeprägt, imprägniert,
auf das Leuchten des Bildschirms konditioniert.
Hab' das irgendwann priorisiert,
die digitale Welt.
Ich bin den ganzen Tag verfügbar
für meine Freunde, seine Stories und meinen
Telekom-Anbieter.
Ich habe gar keine Zeit mehr all das, was ich
sehe, zu verstehen.
Ich bin verfügbar für die Ströme von Information,
suche danach,
suche nach Bildern, Videos, süchtig nach der
Sensation,
scrolle kilometerweit
durch meine Lebenszeit,
schenke genau 3 Sekunden Aufmerksamkeit.
Mehr nicht.
Bin erpicht
darauf, Neues zu entdecken,
aber nicht wirklich zu lernen,
neue Interessen zu wecken,
die sich beim nächsten Scroll sofort wieder
entfernen.

Ein Algorithmus,
alle so im Rhythmus
unserer Streaks,
BeReals
und dem Dopamin.
Die Bewegung eingeprägt, imprägniert,
auf das Leuchten des Bildschirms konditioniert.
Hab' das irgendwann priorisiert.

Die digitale Welt,
die so viele Geschichten,
Mythen und Bullshit
gleichzeitig erzählt.
Ich fliehe vor dem Mysterium
meiner Lebensrealität
in die Tiefen der Wlanraffinitäten.

Und das was wir mal waren:
Chaos, Hoch- und Tiefgefühl,
das, was mal Hirn war,
das wird jetzt ein BeReal,
das bleibt Wirrwarr,
wird nie definiert
und ich gebe zu, nicht ganz ungeniert:
Ich scrolle weiter.
Die Bewegung eingeprägt, imprägniert,
auf das Leuchten des Bildschirms konditioniert.
Hab' das irgendwann alles priorisiert.
Die digitale Welt.
Mir wird mein Dopamin billig aus China gestellt.
Und vielleicht ist das mein Problem,
dass ich mich nicht mit meinem Leben
auseinandersetze, verarbeite und verstehe.
Ich gebe mein Kontrollzentrum auf,
mein eigener Algorithmus,
Kreativität, Impulse, Tagesrhythmus.
Habe sie verloren auf der Suche nach dem Kick.
Und jetzt schick'
ich meine Gedanken
in unbedachten Kommentaren
in Umlauf,
lass mein Hirn von anderen Computern steuern,
scrolle noch einen Kilometer weiter, immer
weiter.
So ist das als moderner Mensch,
der sich gar nicht mehr selber kennt
und sich so auch nie wirklich kennenlernen wird.

Blaues Licht
in meinem Gesicht,
seh' immer blasser aus
im Sonnenlicht.

Online

Unsere Generation lebt auf eine andere Weise,
lebt gefährlich, lebt nicht leise,
wir machen Lärm, wenn es uns wichtig ist,
wir machen Lärm, wenn uns etwas nicht passt,
wir machen auch unpolitischen Lärm, Partylärm,
machen Musik, bauen Scheiße.
Aber die kleinen Dinge, auf die legen wir weniger
Wert,
wir lieben und lachen zwar,
aber oft in Emoji-Form.
Wir reden mit Menschen, die wir gut finden,
aber eher über's Telefon.
Wir ziehen uns zurück in diese scary Welt,
in der wir uns so sicher fühlen.
Eigentlich existiert sie ja gar nicht wirklich,
ist nicht greifbar, nicht „echt ",
aber in unserem Alltag unumgänglich.
Wir tun nichts, was nicht der Routine entspricht,
wir trauen uns nicht, nur zu Hause, wenn wir sicher
vor der Reaktion der anderen sind.
Wir erleben, aber wir alle haben das Bedürfnis, es
festzuhalten, um uns später daran zu erinnern.
Dabei würden wir das wahrscheinlich eher, würden
wir nicht sofort unsere Handys anschalten.
Wir leben zwar, aber wir reden nicht.
Das kleine rote Herz heißt "liebe dich",
der Mittelfinger "fick dich",
aber vielleicht ist das auch nur ein Scherz,
nach dem du das Lachen nicht hörst.
Es ist virtuell, auf dem Screen.
Du kannst es dir zwar vorstellen,
doch nur als Echo der eigentlichen Stimmmelodie.

Ich könnte dir jetzt schreiben.
"Hey, ich bin grad gestresst und unsicher
und ich brauche Bestätigung, eine Umarmung.
Wie geht' s dir?"
Aber stattdessen,
weil mich das viel zu verletzlich machen würde,
poste ich eine Instastory,
vielleicht mit meinem Gesicht,
und hoffe du kriegst es mit
und wischst nicht einfach so dran vorbei.
Das ist, was mir reicht,
der Storyview
ist meine erste Bestätigung,
das Like meine zweite,
dann vielleicht eine DM.
Dann reden wir über etwas Belangloses.
und manchmal fühlen sich deine Halbkomplimente
auch schon an wie der Hauch einer Umarmung.
Und manchmal find ich durch das Lesen
zwischen deinen Zeilen heraus, wie' s dir geht,
aber für richtiges Interesse ist' s heut auch
schon wieder zu spät.
Deswegen reden wir nicht darüber,
über Gefühle.
Wäre zu einfach
und zu schwer gleichzeitig.
Es wäre so einfach, für dich zu wissen,
was mit mir los ist, wenn ich plötzlich
abweisend bin,
weil ich mich nicht aufdrängen will,
du sollst mich schließlich selber fragen,
wie' s mir geht,
aber für ein richtiges Gespräch ist' s heut'
schon zu spät.

Kommunikation könnte so einfach sein,
aber das mögen wir nicht.
Wir lieben Rätsel,
vor allem in Sachen Liebe,
das sorgt für Adrenalin
und Adrenalin sorgt für Spannung,
dafür, dass ich Spaß am Schreiben mit dir habe.
Aber heute funktioniert das nicht,
nicht für mich.
heute bin ich schon nervös,
der Puls zu hoch,
die Welt zu groß
und Adrenalin zu viel,
zu rauschend, bin im Tunnel,
brauch deine Stimme, eine Stimme,
eine Umarmung
und ich würd's dir so gern sagen,
mich verletzlich machen,
aber die Instastory lädt schon hoch.

Wir funktionieren wohl besser digital.
An jenem Ort, wo wir uns neu erfinden
und beide nicht mehr wir selbst sind,
sind wir ein genau perfektes Paar.

Es ist eine Welt, in der man die Kontrolle
abgibt. In der man ist und nicht tut.
Eine Welt, in der man selbst keine Rolle spielt.

in-mir-drin.oh

Angst als Dauerzustand.
Der Alarm.

>"Ich muss hier weg."
>"Gleich passiert etwas Schlimmes."
>"Gleich passiert mir was Dummes."

Bin nicht bedroht,
aber fühle mich so.
Dauerhaft. Von allem.
Aber wenn ich hier wegmüsste,
wo sollte ich dann hin?
Raus aus dem Haus,
wo die Menschenmengen sind?
Vielleicht raus in die Natur,
wo die einzige Bedrohung nur noch meine Gedanken
sind.
Es ist eine ständige Fluchtsituation.
Entweder ich bekämpfe die Angst
und bleibe, wo ich bin
oder ich renne weg nach Instagram.

nichts.

Mein Speicherplatz ist voll
und ich bin leer,
das Leben ist doch toll
ohne den Schmerz
der Realität,
die über mir zusammenschlägt,
wenn die Nachricht kommt.
Ja mein Speicherplatz ist voll,
jemand sollte ausmisten,
alle unnötigen Screenshots, Fotos,
Gedanken, betrunkene Videos
von Leuten,
ehemaligen Freunden,
jemand sollte mal Platz machen,
für die Leere
doch sie ist schwerer
zu ertragen,
es ist einfacher
mit dem Swipe,
mit dem Like
und meine Aufmerksamkeit
gilt den nichtsnützigen,
teils (un-)witzigen Beiträgen,
lebenswichtigen Leitfäden,
wie ich mein Leben umstrukturieren
und dieses Nichts in mir ignorieren
kann.
Ja, mein Speicherplatz ist voll
und ich bin trotzdem leer.
Nein, mein Leben ist nicht toll,
sondern auch manchmal bisschen schwer.

Ich fahr heim
und es braucht ewig,
aber das nervt heut' nicht,
denn ich brauch' die Zeit.
Heimkommen ist für mich ein bisschen mehr als
das Schlüsseldrehen im Schloss.
Der ganze Prozess
von viel zu energiegeladen warten,
tanzend in die S-Bahn steigen,
auf der Schulter neben mir einschlafen,
über den Abend schreiben
und Bilder teilen.
Ich erleb' den Abend nochmal in Kurzfassung,
aber ich schreibe und fotografiere mir meine
Erinnerung
ins Gedächtnis, habe verlernt den Moment zu
leben,
konnte es nie,
denk im Moment schon drüber nach,
wie ich mich an ihn erinner',
erinner' ich mich nur an konstruierte
Erinnerungen?
Ich fahr' heim
und ich sollte vielleicht gerade nicht am Handy
sein.

leben.now

Riech' den Regen,
g r e i f'   n i c h t   n a c h   d e i n e m
H a n d y.
Riech' den Regen,
g r e i f'   n i c h t   n a c h   d e i n e m
H a n d y.

Bleib' im Leben,
g r e i f'   n i c h t   n a c h   d e i n e m
H a n d y.
Halt' dich nicht fest
an den Strukturen, die du kennst, die
sich festgesetzt haben in deinem Gehirn.

Völlig benebelt
taumel' ich an der Grenze hin und her,
weiß gar nicht, ob mir mein Bildschirm oder mein
Bruder näher sind,
tragen beide DNA von mir mit sich herum.
Ich lebe benebelt an der Grenze zwischen analog
und digital,
halte das, was echt ist,
fest mit
meiner Digitalkamera,
friere den Moment ein
und verliere ihn dabei.

> Aber ich werde nass,
> *fühlbar* nass,
> klitsche klatsche nass
> und es ist echt,
> wie ich da stehe
> mitten im Regen,
> mitten im Leben.

Dear diary: I'm a wiseass - notes and observations.

Schriftsteller waren
Kinder, denen niemand
zuhören wollte und
wurden Erwachsene,
die den ganzen Tag
reden und schreiben,
über alles, was sie
denken,
weil Papier besser
zuhört als alles andere.

Schreibenspathos:
Irgendwie glaube ich
nicht, dass das Leben
es wert sein muss.
Ich glaub auch nicht,
dass es das kann.
Es liegt einfach nicht
in seiner Natur.
Nichts braucht
wirklich einen Sinn,
außer wir aus
irgendeinem Grund,
wir hassen die
Sinnlosigkeit
(aus der wir bestehen).

It's autumn.

The season when the
leaves turn colorful and
fall.
But not just them,
people do too.
Some people fall in love,
some fall apart,
some will fall on their
noses.
And for some everything
will fall into place.

Es ist Herbst
und die Blätter werden
bunt,
ist für sie auch keine
Kunst
sondern Natur.
Wünscht' ich könnt das
auch so einfach.
Einfach nur Farben
wechseln
und Neustart.
Jetzt steh' ich
stattdessen Kopf,
ist auch mal eine neue
Perspektive.

Unser Haus war schon
immer eins mit
knallenden Türen,
doch meistens nur,
weil jemand
stoßgelüftet hat.
Irgendwann hörte man
dann Türen knallen,
obwohl kein einziges
Fenster offen war.

Maybe we say all these
thoughts out loud,
because we can't stand
to hear them all by
ourselves.
Because we are scared
that the loneliness in
our heads will take over
real life.

Glaubst du, wir werden
irgendwann auch so?
So verbitterte
Scheißmenschen, die
sich den ganzen Tag
anlächeln,
bis sie sich anschreien,
die ihre Konflikte
wegfächeln,
mit ein bisschen
Elegance,
um sie dann, wenn das
Schweigen
bricht, wieder
hochzuholen mit einem
"C'est toujours comme
ça putain!"
Es ist doch immer so,
verdammt.

Ich komm mir
manchmal so
eindimensional vor.

Eigentlich bin ich ja
doch ein relativ
durchschnittlicher
Mensch,
dem alles zwar
irgendwie etwas sagt,
der aber zu nichts
wirklich etwas zu sagen
hat.

Warum können wir
das "Perfekte" in jedem
sehen außer uns?

Was oder wer ist
dieses Ich, was
ich nicht bin?
Welches Ich bin
ich dann
eigentlich? Das,
welches ich sein
will? Aber mein
Ich ist das
nicht. Gibt es
ein Ich, welches
meines ist?

Das Du, was du
für mich bist,
bist vielleicht
gar nicht du,
sondern eine
Idee von dir.
Aber dein Du ist
ebenfalls Idee.
Wessen Du bist
dann du?

Wenn wir selbst die
Sterne nicht mehr
sehen können, weil wir
uns die Dunkelheit
verblenden.

**Und ich lese und lese
weil mich kein Buch
mehr festhält.**

Wie soll man denn den
ganzen Menschen
lieben, wenn man nicht
mal den halben
Menschen kennt?

149

Irgendwann liebt man doch auch einfach nur noch die Person, die man mal kannte und nicht mehr die, die sie heute ist.

Vielleicht sollten wir mehr nebeneinandersitzen und zuhören, als uns mit Reden anzuschweigen.

Das Kennzeichen jeder Gesellschaft ist doch einfach die sich ständig wandelnde und immer gleichbleibende Dysfunktionalität.

Ich mag die Wut anderer Menschen nicht, außer sie ist gut geschrieben.

Leben
wie zertretene
Coladosen
am Boden.
Tot,
aber sieht cool
aus.

KONSTRUKTE DER GEDANKEN
WANKEN,
WO SICH EFEURANKEN
HANGELN.
GIFT.
MEINE ZIMMERPFLANZEN.

Nachts weniger sehen und tagsüber weniger verstehen.

Lustig, dass wir "ins Freie" gehen, wenn wir aus dem Haus gehen. Sind wir denn nicht frei in unseren eigenen Mauern?

SOLLTE EIN KÜNSTLER DARAUF WARTEN, GEHÖRT ZU WERDEN? SOLLTE SEINE KUNST ODER ER SICH EIN PUBLIKUM VERSCHAFFEN?

GEDICHTE:
DINGE, DIE NICHT GESAGT WERDEN, WEIL SIE BESCHRIEBEN VERSTECKTER, SCHÖNER, BESSER, AUßERGEWÖHNLICHER KLINGEN. BEGEGNUNGEN MIT DEM LEBEN.

Momentan fühlt sich Leben nach Leben an. Vielleicht auch, weil's weh tut.

Was denkst du, wie viele Insekten zertret' ich, ohne es zu merken? Wie viele Menschen verletz' ich? Lässt es sich vermeiden?

Muss man wissen, wer
man ist, um zu wissen,
wer man sein möchte?
Oder reicht es zu
wissen, wer man nicht
ist?

Manchmal bin ich
einfach so unerklärlich
einsam.

Manchmal hat der Körper
so etwas Zerbrechliches.
Manchmal.

Die Verstörendste der
Einsamkeiten ist doch
die, die man unter
Menschen verspürt.

A poet's job is to state the
obvious truth
and make it ugly with
beautiful words.

Wenn jeder sein
Leben damit
verbringt,
anderen Leuten
zu helfen...Ist
dann jedem
geholfen oder
keinem?

Do we ever say things
on our own? Or do we
keep repeating what
others have already
thought?

Ich glaube meine
Gedanken sind einsam.
Sie spielen Fangen mit
sich selbst.

Ich habe einfach Angst,
dass du dasselbe über
mich denkst wie ich.
Ich habe einfach Angst,
dass Leute dasselbe
über mich denken wie
ich.

AS I GREW OLDER, I
GREW SCARED OF IT.
·WHAT DO YOU MEAN
BY "IT"?
PEOPLE, LOVE, LIFE.

I am scared of big
words.
I use them over and
over again.
But describing others'
lives and mine is a very
different thing.

My taste in music gets
better the shittier my
life gets.

Being scared
leaves you
scarred.

*Everything can be
interesting if you are
just curious enough.*

**A snowflake's
individuality isn't
treated like a mistake.
Human's individuality
is.**

Wir tragen
Sonnenbrillen im
Regen,
damit sich unsere
Blicke nicht begegnen.

SHOW YOUR
CHILDREN HOW
THE WORLD IS,
THEN TEACH THEM
HOW TO CHANGE
IT.

REISE

Geschichten
verschwinden
in leeren Gassen
auf Zehenspitzen
über Pfützen
hüpfend

Und Venus steht in
ihrem Brunnen,
verschmutzt,
mit Kaugummis
bespuckt.
Badet nur noch in
einzelnen
Wasserflaschen,
vom Brunnen zum
Becher ihrer Aschen,
so verändert sich die
Kunst.
Auch nicht ganz
überraschend.

Riesengroßer roter
Koffer mit Flecken,
die meine Neugier
wecken.
Wo der wohl schon war?

Kippen
schwimmen,
ertrinken
glimmend.

Danke.

Ich schreibe.
Schreib mir das Leben ins Gedächtnis,
schreibe, um zu verstehen,
schreibe, um mit dem Leben umzugehen,
schreibe, wenn mir die Worte fehlen,
schreibe, damit ihr mich seht,
schreibe, weil es euch vielleicht genauso geht.
Ich schreibe für uns.
Und ich bin euch so dankbar, dass ihr lest, Kritik gebt,
meinen Weg ein Stückchen mitgeht.
Danke.

Und ein ganz besonders großes Danke an meine Mutter,
Sylvia, Alix und Anna.
Ohne die wäre dieses Buch nur ein Haufen Buchstaben.